D1465964

EL MUNDO DE LOS INSECTOS

Los hogares de los insectos

Bobbie Kalman y John Crossingham

🍄 Crabtree Publishing Company

www.crabtreebooks.com

Los hogares de los insectos

Creado por Bobbie Kalman

Dedicado por John Crossingham
Para Xander, mi primer sobrino

Editora en jefe
Bobbie Kalman

Equipo de redacción
Bobbie Kalman
John Crossingham

Editora de contenido
Kelley MacAulay

Editora de proyecto
Molly Aloian

Editoras
Robin Johnson
Rebecca Sjonger
Kathryn Smithyman

Diseño
Margaret Amy Salter

Coordinación de producción
Heather Fitzpatrick

Investigación fotográfica
Crystal Foxton

Consultora
Patricia Loesche, Ph.D., Programa sobre el comportamiento de animales, Departamento de Psicología, University of Washington

Consultores lingüísticos
Dr. Carlos García, M.D., Maestro bilingüe de Ciencias, Estudios Sociales y Matemáticas
Greg Garcia, Ed.D., Especialista en Ciencias para la Educación Secundaria

Ilustraciones
Barbara Bedell: página 9
Katherine Kantor: página 24
Bonna Rouse: contraportada, páginas 5, 15, 18, 19, 28
Margaret Amy Salter: páginas 20, 30-31
Tiffany Wybouw: página 16

Fotografías
© Alexey Lisovoy. Imagen de BigStockPhoto.com: página 7 (superior)
© Can Stock Photo Inc.: página 28
James Kamstra: páginas 13 (derecha), 14, 16, 26
© Dwight Kuhn: páginas 10, 11, 19, 25, 27
robertmccaw.com: páginas 13 (izquierda), 17 (inferior)
iStockphoto.com: Aravind Teki: página 23; Rick Jones: página 29; Viktor Kitaykin: página 20; Chartchai Meesangnin: páginas 22, 24; Greg Nicholas: página 7 (inferior); Jeffrey Zavitski: página 17 (superior) James H. Robinson/Photo Researchers, Inc.: página 12
Otras imágenes de Brand X Pictures, Corel, Digital Vision y Otto Rogge Photography

Traducción
Servicios de traducción al español y de composición de textos suministrados por translations.com

Library and Archives Canada Cataloguing in Publication
Kalman, Bobbie, 1947-
    Los hogares de los insectos / Bobbie Kalman & John Crossingham.

(El mundo de los insectos)
Includes index.
Translation of: Insect homes.
ISBN-13: 978-0-7787-8500-2 (bound)
ISBN-10: 0-7787-8500-9 (bound)
ISBN-13: 978-0-7787-8516-3 (pbk.)
ISBN-10: 0-7787-8516-5 (pbk.)

    1. Insects--Habitations--Juvenile literature. I. Crossingham, John, 1974-
II. Title. III. Series: Mundo de los insectos

QL467.2.K3618 2006   j595.7156'4   C2006-904539-9

Library of Congress Cataloging-in-Publication Data
Kalman, Bobbie.
  [Insect homes. Spanish]
  Los hogares de los insectos / written by Bobbie Kalman & John Crossingham.
    p. cm. -- (El mundo de los insectos)
  Includes index.
  ISBN-13: 978-0-7787-8500-2 (rlb)
  ISBN-10: 0-7787-8500-9 (rlb)
  ISBN-13: 978-0-7787-8516-3 (pb)
  ISBN-10: 0-7787-8516-5 (pb)
  1. Insects--Habitations--Juvenile literature. I. Crossingham, John, 1974-
II. Title. III. Series.

QL467.2.K35918 2006
595.7156'4--dc22

2006024918

Crabtree Publishing Company

www.crabtreebooks.com   1-800-387-7650

Publicado en Canadá
Crabtree Publishing
616 Welland Ave.,
St. Catharines, ON
L2M 5V6

Publicado en los Estados Unidos
Crabtree Publishing
PMB16A
350 Fifth Ave., Suite 3308
New York, NY 10118

Publicado en el Reino Unido
Crabtree Publishing
White Cross Mills
High Town, Lancaster
LA1 4XS

Publicado en Australia
Crabtree Publishing
386 Mt. Alexander Rd.
Ascot Vale (Melbourne)
VIC 3032

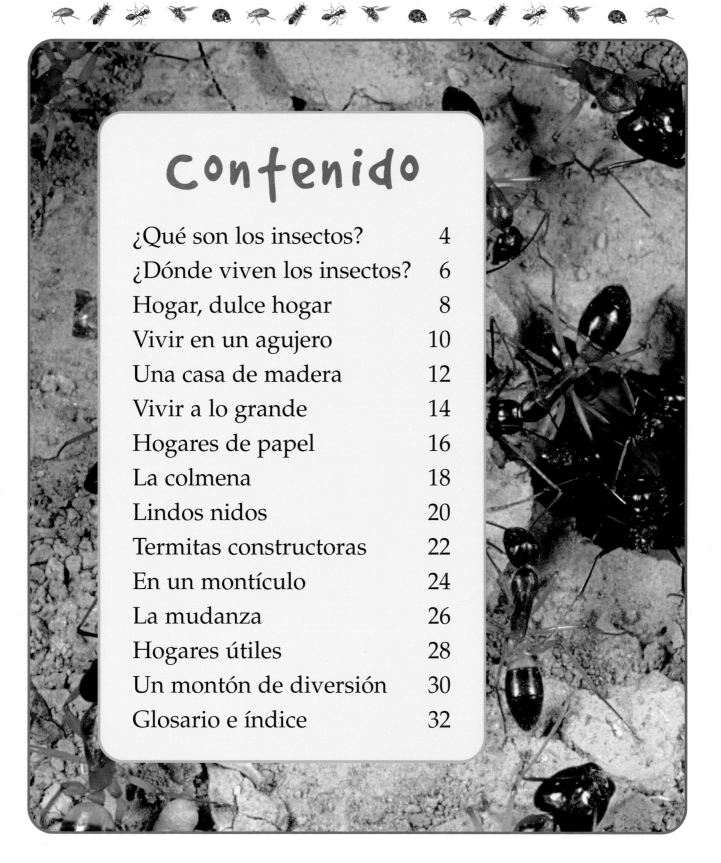

contenido

¿Qué son los insectos?

Los insectos son animales que no tienen **columna vertebral**. La columna vertebral es un conjunto de huesos que se encuentra en la parte media de la espalda de un animal. Los animales que no tienen columna vertebral se llaman **invertebrados**.

Los insectos son artrópodos

Los insectos pertenecen a un grupo de invertebrados llamados **artrópodos**. Los artrópodos tienen una cubierta exterior dura llamada **exoesqueleto**. El exoesqueleto cubre todo el cuerpo del insecto, incluso las patas y la cabeza.

*Hay miles de **especies** o tipos de insectos. Esta mantis religiosa es un insecto.*

Lenguaje corporal

El cuerpo de un insecto tiene tres secciones principales: cabeza, **tórax** y **abdomen**. En la cabeza tienen dos antenas, los ojos y un **aparato bucal**. Las antenas son órganos sensoriales. Los insectos tienen seis patas que están unidas al tórax. Algunos tienen alas, que también están unidas al tórax. Los **órganos** de los insectos están dentro del abdomen.

libélula

Algunos insectos, como las libélulas, tienen dos pares de alas. Otros tienen sólo un par. Algunos no tienen alas.

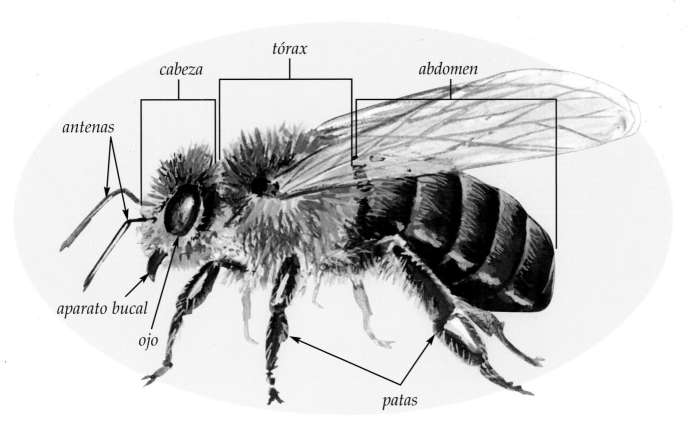

tórax

cabeza

abdomen

antenas

aparato bucal

ojo

patas

¿Dónde viven los insectos?

Los insectos viven en casi todos los lugares del mundo. La mayoría vive en **hábitats** cálidos y húmedos. Un hábitat es el lugar natural donde vive un animal. Algunos hábitats de los insectos son pantanos, **bosques tropicales** y el suelo. Los hábitats proporcionan a los insectos el agua, el alimento y la temperatura que necesitan para vivir.

Estas hormigas cortadoras de hojas viven en un bosque tropical.

En busca de espacio

Muchos insectos hacen su hogar en su hábitat. El hogar de algunos es simplemente el espacio que se encuentra entre piedras o plantas. Otros insectos construyen casas.

Este escarabajo está a punto de entrar en su madriguera. Allí estará caliente y seguro.

Hogares felices

Distintos tipos de insectos construyen casas de diversas formas y tamaños. Algunos cavan **madrigueras**, que pueden ser túneles en la tierra o huecos en los árboles. Otras casas, como la **colmena** de la derecha, son más difíciles para construir. Los insectos que construyen colmenas viven en grupos grandes dentro de ellas.

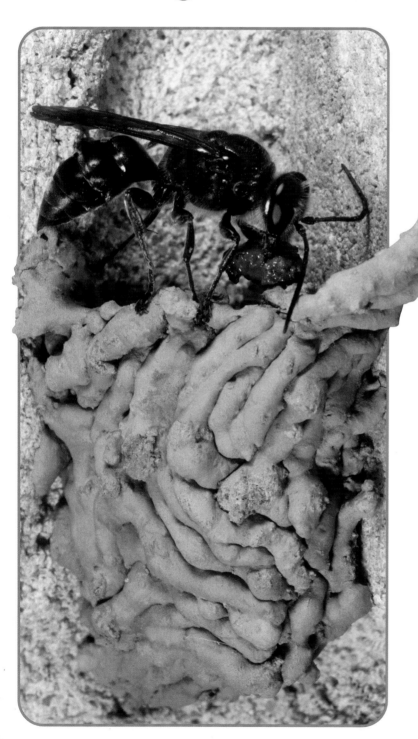

Hogar, dulce hogar

Los insectos usan su casa de muchas formas. Por ejemplo, allí se esconden para evitar a los **depredadores**.

Los depredadores son animales que cazan y comen otros animales. Muchos también la usan para protegerse del mal tiempo. Los insectos que viven en lugares calurosos van a su casa para enfriarse. Los que viven en lugares fríos van a su casa para calentarse.

Esta avispa se esconde en su casa de los depredadores, tales como las aves.

Un lugar para crecer

Algunos insectos usan su hogar como lugar seguro para poner huevos y criar sus larvas. La mayoría de los insectos nacen de huevos. Después, muchos pasan por una serie de **etapas** o cambios mientras crecen. Estas etapas se llaman **metamorfosis**. A la derecha se pueden ver las cuatro etapas de la metamorfosis de la mariquita.

Cambios seguros

Durante la metamorfosis, muchos insectos no se pueden proteger del mal tiempo y de los depredadores. Sin embargo, están seguros dentro de su casa mientras crecen.

La mariquita comienza su vida dentro de un huevo.

*Después de nacer, se llama **larva**.*

*En la tercera etapa de la metamorfosis, se llama **pupa**.*

La mariquita ha completado la metamorfosis cuando llega a la adultez.

Vivir en un agujero

Algunos insectos cavan madrigueras en el suelo. Otros las cavan en troncos o árboles. La mayoría de estos insectos son **solitarios**, es decir, viven solos. Ciertas especies de escarabajos, grillos y avispas viven en madrigueras.

Un apretón

El túnel de la madriguera tiene el ancho justo para que el insecto pase apretado. Esto evita que animales más grandes entren en la madriguera.

Esta abeja solitaria está a punto de entrar en su madriguera. Al igual que la mayoría de las madrigueras de insectos, ésta es un pequeño agujero en el suelo, difícil de detectar para otros animales.

De vuelta a la madriguera

Algunos insectos llevan comida a sus madrigueras. Por ejemplo, cuando una avispa de los pinos mata un insecto, lleva la **presa** a la madriguera. Las presas son los animales que los depredadores cazan y comen. Cuando está adentro, se la come.

¿Sabías que…?
Algunos insectos viven en lugares con inviernos fríos. Sobreviven al clima permaneciendo dentro de sus tibias madrigueras.

Esta avispa de los pinos lleva su presa a la madriguera.

Una casa de madera

Muchos insectos hacen su hogar en plantas, en especial en los árboles. Algunos también comen plantas, así que su hogar les sirve tanto de refugio como de alimento.

A masticar

Algunos insectos, como las abejas carpinteras, tienen mandíbulas fuertes que pueden cortar la dura madera y corteza de los árboles. Estas abejas mastican la madera para construir las **cámaras** o habitaciones donde luego vivirán. Otros insectos mastican troncos podridos. Esta madera es blanda y fácil de masticar para algunos insectos.

*Las abejas carpinteras no comen la madera que mastican. Comen **polen** y beben **néctar** de las flores. Esta abeja carpintera tiene polen en el lomo.*

A deslizarse

Los insectos que viven en la madera suelen tener cuerpos aptos para deslizarse debajo de la corteza de los troncos o meterse por grietas pequeñas en la madera. La larva de escarabajo que se ve a continuación es delgada. El insecto entra y sale con facilidad de las grietas de un tronco podrido.

¿Sabías que…?

Algunos insectos no viven en plantas, pero ponen sus huevos allí. Las plantas suelen ser lugares seguros para que crezcan las crías. Muchas hembras solitarias tienen una parte delgada y larga del cuerpo que se llama **ovipositor**. Lo usan para poner huevos en lugares difíciles de alcanzar dentro de árboles o tallos.

Esta avispa taladradora tiene un ovipositor largo que puede perforar profundamente la corteza.

Vivir a lo grande

Esta colonia de hormigas trabaja en su casa.

Algunos insectos son **sociales**. Viven en grupos grandes llamados **colonias**. ¡Algunas tienen más de un millón de insectos! Las hormigas, las abejas de miel, las termitas y algunas especies de avispas son insectos sociales.

Trabajar en equipo

Los insectos que viven en colonias trabajan juntos para defenderse de los depredadores. También lo hacen para construir casas con muchas habitaciones. En algunas de ellas viven las crías. Otras se usan para almacenar alimento. ¡Hasta hay habitaciones para la basura!

Un trabajo para cada insecto

Cada insecto de una colonia pertenece a una **casta** o grupo. Cada casta tiene un trabajo que contribuye a la supervivencia de la colonia. A continuación se describen las castas de las abejas de miel y las tareas que realizan.

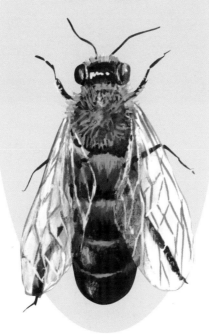

*Las abejas macho se llaman **zánganos**. Su trabajo es **aparearse** con la reina.*

*La **reina** es la abeja líder de la colonia. Pone miles de huevos de los cuales nacen las larvas.*

*Las **obreras** son abejas hembra. Ellas construyen, reparan y protegen el hogar. También buscan alimento para los demás insectos de la colonia.*

15

Hogares de papel

Algunas avispas construyen la colmena bajo tierra. Otras construyen colmenas que cuelgan de los árboles, como ésta.

Las avispas de colmena, como las amarillas y las papeleras, son insectos sociales. Viven en colmenas. La colonia de avispas está formada por obreras, zánganos y una reina. Las obreras construyen y reparan la colmena de la colonia.

Constructoras atareadas

Para construir una colmena, las avispas obreras mastican madera y la mezclan con **saliva**. La saliva ablanda la madera masticada y la convierte en **pulpa**. Luego usan las patas y el aparato bucal para darle forma de **celdas** pequeñas. Cada celda tiene forma **hexagonal**, o de seis lados. Esta forma hace que sean más resistentes. Un muro de celdas se llama **panal**.

Estas avispas construyen celdas para su colmena.

La terminación

Cuando los panales ya están formados, la pulpa se endurece y se convierte en un material parecido al papel. Entonces, las obreras construyen cubiertas delgadas, llamadas **envolturas**, alrededor de los panales. Sirven para que el aire frío no entre en la colmena. Si ésta se daña, las obreras hacen más pulpa y reparan los agujeros.

Las obreras se aseguran de que no queden huecos.

La colmena

Algunas especies de abejas sociales viven juntas en colmenas. Las celdas de las colmenas de las abejas de miel están hechas de **cera**. Esta cera es una sustancia que se produce en el cuerpo de las obreras. La cera sale del cuerpo en escamas. Las abejas usan las patas y el aparato bucal para ablandarlas. Luego le dan forma a la cera para construir las celdas.

*Las abejas de miel obreras producen dentro de su cuerpo un líquido pegajoso, parecido al pegamento, que se llama **resina**. La usan para reparar las celdas y unir las partes de la colmena.*

Dentro de las celdas

Las distintas celdas de una colmena de abejas de miel se usan para diversos propósitos. Muchas contienen huevos. ¡La reina pone hasta 1,000 huevos al día! Pone uno en cada celda. Algunas celdas contienen larvas. En otra parte de la colmena, las celdas contienen alimento, como néctar y miel.

Las abejas suelen cubrir las celdas con tapas de cera. Algunas celdas de esta colmena tienen tapa.

¿Sabías que...?

Las abejas producen miel recolectando el néctar de las flores y almacenándolo en celdas. Con el tiempo, el néctar se convierte en miel. Ésta sirve de alimento para las abejas de miel adultas y las larvas.

Lindos nidos

La mayoría de las hormigas construyen su casa bajo tierra o en la superficie. Las casas de las hormigas se llaman **nidos** y están llenas de túneles llenos de curvas. También tienen muchas habitaciones. Las hormigas usan las mandíbulas y las patas para cavar túneles y sacar tierra. Mientras construyen el nido, forman **hormigueros**, que son pilas de tierra o arena fuera del nido. Algunos hormigueros pueden ser pequeños montoncitos en el suelo. Otros llegan a medir seis pies (1.8 m) de altura.

El nido es el hogar de una colonia de hormigas. La colonia está formada por obreras, machos y una reina.

La granja

Muchas hormigas tienen granjas en su casa. En una habitación del nido cultivan **hongos** para comer. Para ello, las obreras recogen trocitos de hojas y los llevan al nido. Otro grupo de obreras lleva las hojas a la granja. Una vez allá, las obreras colocan desechos de hormigas sobre las hojas. Los desechos hacen que los hongos crezcan.

Estas hormigas cortadoras de hojas son granjeras. Transportan trocitos de hojas al nido.

21

Termitas constructoras

Una colonia de termitas está formada por obreras, **soldados**, un **rey** y una reina. El trabajo de estas obreras se parece mucho al de las abejas de miel obreras. Las termitas soldado protegen la colonia. El rey es el único que puede aparearse con la reina.

El hogar de las termitas

Algunas termitas construyen nidos en los árboles, usando ramitas y tierra. Otras construyen su casa bajo tierra o en la madera. Las termitas cavan en el suelo o en los árboles y construyen túneles y habitaciones. Las que viven en la madera pueden comer y **digerir** madera.

A las termitas no les gusta el sol. Evitan la luz solar permaneciendo dentro de su casa.

Montículos de termitas

Algunas termitas construyen inmensos hogares llamados **montículos**. Están hechos de una mezcla de tierra, saliva y desechos de las termitas. Algunos miden más de 30 pies (9 m) de altura. Dentro de un montículo pueden vivir más de un millón de termitas. Las obreras trabajan todo el tiempo limpiando y reparando su casa.

¿Sabías que...?

La mayoría de las especies de insectos sólo viven durante unos días o unas semanas. Sin embargo, las termitas obreras y soldado suelen vivir de tres a cinco años. ¡El rey y la reina de la colonia pueden vivir más de quince años! Su hogar seguro y resistente los protege durante toda su vida.

Los montículos gigantes de termitas son muy fuertes. Se necesitaría un martillo para derribarlos.

En un montículo

Un montículo de termitas es como una ciudad. Debajo hay túneles y **galerías**, o habitaciones largas. La mayoría de las termitas viven allí. Las galerías principales se encuentran a casi diez pies (3 m) bajo tierra. La galería donde viven el rey y la reina está en el centro del montículo. Es la **cámara real**.

*La termita reina, como la de la izquierda, nunca sale de la cámara real. Las obreras le traen alimento y agua. Otras obreras recogen los huevos y los llevan a las **galerías de cría**, donde se crían las larvas.*

Alimento y agua

Muchos de los túneles de los montículos conducen al exterior para que las obreras puedan salir a buscar alimento. Las termitas comen madera, semillas, **líquenes** y otras plantas. Usan parte de su alimento para cultivar hongos en granjas. Las granjas de las termitas se parecen a las de las hormigas. Los túneles más profundos del montículo conducen al **agua subterránea**, que es agua que se encuentra a mucha profundidad bajo tierra. Las termitas necesitan el agua subterránea para sobrevivir.

¿Sabías que...?

Los montículos de las termitas tienen aire acondicionado. Tienen **respiraderos** o aberturas que permiten que el aire caliente salga del montículo. Las obreras mantienen su hogar a una temperatura cómoda quitando o agregando tierra a los respiraderos.

Las termitas soldado tienen mandíbulas grandes y fuertes. Protegen la entrada de los montículos.

La mudanza

Algunas especies de insectos construyen hogares
temporales mientras viajan de un lugar a otro. Un
ejemplo son las hormigas guerreras. Estas hormigas
viajan casi todo el tiempo. Cuando tienen que descansar,
se detienen y construyen un nido en cualquier lugar.
El nido se llama **vivaque**. Las hormigas guerreras
arman un vivaque uniéndose unas con otras para
formar una bola con su cuerpo. La reina, los huevos
y las larvas están a salvo dentro del vivaque.

Visitas no deseadas

Algunas especies de insectos viven en casas construidas por otros insectos. A unos les permiten la entrada, pero otros no son bienvenidos. Algunas colonias de hormigas dejan entrar a ciertos escarabajos porque éstos las alimentan y protegen. Sin embargo, no aceptan a otras hormigas reinas. Una vez que hay una reina en un nido, tiene que matar a la antigua reina. Entonces se convierte en la nueva reina de la colonia.

Las avispas parásitas usan el cuerpo de otros animales como criadero. Con el aguijón ponen los huevos en el cuerpo de las orugas de polilla. Las larvas de avispa salen del huevo y viven en la oruga. Lentamente, se comen la oruga hasta que ésta muere. Esta oruga ha servido de alimento a decenas de larvas de avispa.

Hogares útiles

Algunas casas de insectos son útiles para otros animales y para las personas. Por ejemplo, los animales y las personas comen miel de las colmenas de abejas. Los **apicultores** son personas que recolectan la miel de las colmenas y construyen hogares para las abejas.

Las abejas de miel comen parte de la miel que producen en la colmena. El apicultor recoge la miel que sobra.

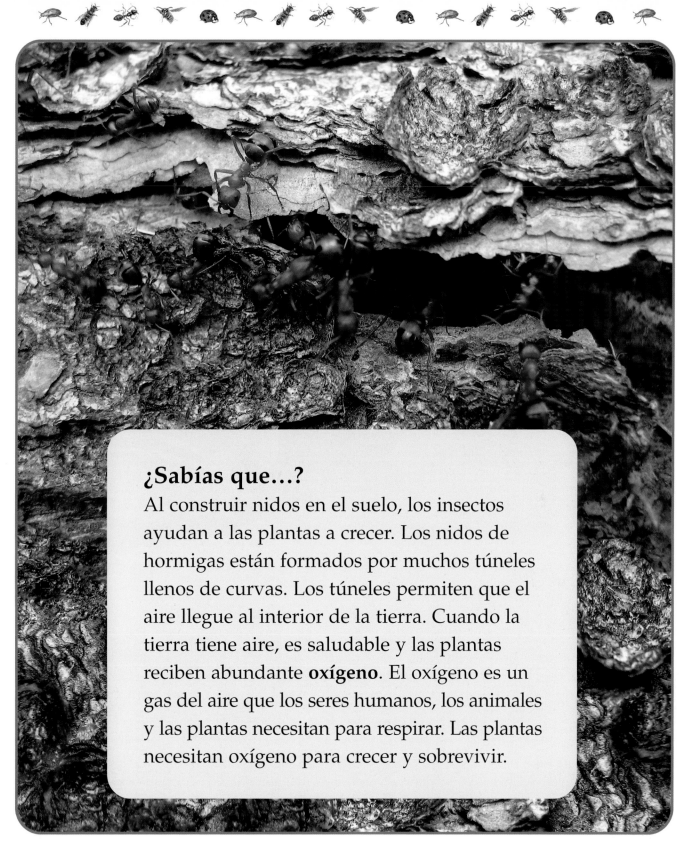

¿Sabías que...?

Al construir nidos en el suelo, los insectos ayudan a las plantas a crecer. Los nidos de hormigas están formados por muchos túneles llenos de curvas. Los túneles permiten que el aire llegue al interior de la tierra. Cuando la tierra tiene aire, es saludable y las plantas reciben abundante **oxígeno**. El oxígeno es un gas del aire que los seres humanos, los animales y las plantas necesitan para respirar. Las plantas necesitan oxígeno para crecer y sobrevivir.

Un montón de diversión

Con este juego sabrás qué se siente ser una termita muy ocupada. Tienes que viajar por el montículo como una obrera y ser el primero en llevar comida y agua al rey y la reina.

Elementos
fichas de juego
un dado

Cómo jugar
Para empezar, coloca tu ficha en la casilla de inicio. Lanza el dado y avanza por el montículo, siguiendo las instrucciones. Ganará la primera obrera que viaje por todo el montículo y lleve comida y agua al rey y la reina.

Para que el juego sea más grande, puedes dibujar el tablero en una cartulina. Si quieres, puedes agregar más desafíos para las termitas.

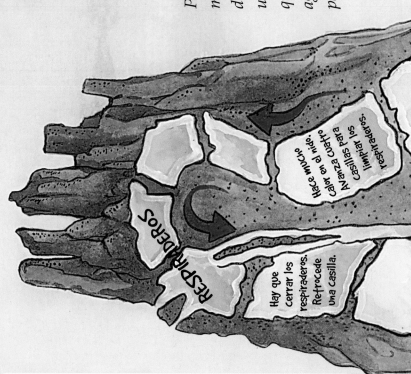

RESPIRADEROS

Hace mucho calor en el nido. Avanza cuatro casillas para limpiar los respiraderos.

Hay que cerrar los respiraderos. Retrocede una casilla.

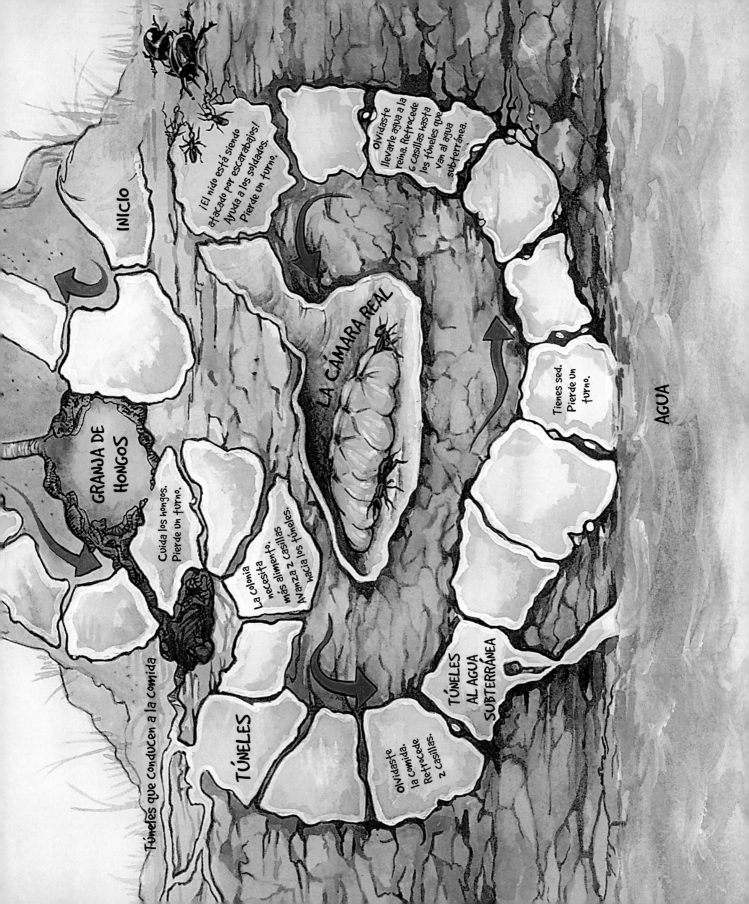

Glosario

Nota: Es posible que las palabras en negrita que están definidas en el texto no figuren en el glosario.

aparearse Unirse para tener crías

bosque tropical Bosque que recibe más de 80 pulgadas (203 cm) de lluvia al año

celda Espacio de seis lados dentro de una colmena

colmena Lugar donde viven las abejas y las avispas

digerir Descomponer alimento en el estómago

hongo Ser vivo parecido a una planta que se alimenta de seres vivos y muertos

liquen Tipo de planta que crece en piedras, muros o árboles

néctar Líquido dulce que se encuentra en las flores

órgano Parte del cuerpo, como el corazón, que cumple una función importante

polen Sustancia en forma de polvillo que producen las plantas

pulpa Pasta de madera blanda y húmeda

saliva Líquido transparente que está presente en la boca de un animal

temporal Expresión que describe algo que se usa durante poco tiempo

Índice

Impreso en Canadá